burquette

francis desharnais

burquette

tome 2

[strips]
Les 400 coups

À mes parents qui m'ont laissé dessiner des bonshommes.

burquette

tome 2

a été publié sous la direction de Michel Viau.
Infographie : Francis Desharnais et Julie Nadeau
Correction : Bla bla rédaction

© 2010 Francis Desharnais et les Éditions Les 400 coups
Montréal (Québec) Canada

ISBN 978-2-89540-457-6

Nous remercions le Conseil des Arts du Canada de l'aide accordée à notre programme de publication et la SODEC pour son appui financier en vertu du Programme d'aide aux entreprises du livre et de l'édition spécialisée.

Nous reconnaissons l'aide financière du gouvernement du Canada par l'entremise du Fonds du livre du Canada (FLC) pour nos activités d'édition.

Gouvernement du Québec — Programme de crédit d'impôt pour l'édition de livres — Gestion SODEC

Dépôt légal — 3e trimestre 2010
Bibliothèque et Archives nationales du Québec et Bibliothèque et Archives Canada

**Catalogage avant publication de Bibliothèque et Archives nationales du Québec
et Bibliothèque et Archives Canada**

Desharnais, Francis 1977-

     Burquette, tome 2

     (Strips)
     Bandes dessinées.

     ISBN 978-2-89540-457-6

     I. Titre.   II. Collection: Strips.

PN6734.B88D47 2008   741.5'971   C2008-940333-9

Ça s'appelle une burqa. Tu vas devoir la porter pendant un an.

Tout a commencé par une idée de mon père: porter une burqa pendant un an pour m'apprendre je sais plus quoi... Moi qui ne rêve que de porter les plus grandes marques, j'ai été prise avec un gros drap informe sur le dos.

Avec un peu de chance, ça va faire partie de la collection printemps/été de *Vogue*!

Le pire, c'était les autres. L'enfer!

C'est quoi l'affaire? Tu veux plus qu'on te déshabille du regard?

Maintenant tu peux sortir de ta cachette!

Heureusement, ça ne m'a pas empêchée d'avoir un petit ami.

Je ne veux pas voir ça.

À un moment, je n'en pouvais tellement plus de tout ça que j'ai fugué. Je voulais retrouver ma mère, qui est danseuse nue dans une grande ville. J'ai quand même dû retourner vivre avec mon père.

BRAVO À MADEMOISELLE VANESSA QUI NOUS REVIENDRA D

Puis, quand j'en ai vraiment eu ma claque, j'ai amélioré la coupe de ma burqa.

OÙ EST TA BURQA?

Dans ma robe, mes bas, mon sac et mon bandeau!

Le même jour, je recevais une lettre de ma maman. J'allais enfin pouvoir vivre avec elle...

Oui! Je pars en voyage avec ma mère...

En Balaysie! C'est en Asie du Sud-Est.

Et après, nous allons vivre ensemble.

J'ai encore quelques trucs à régler avant de partir.

Entre autres, la dernière trouvaille de mon père.

Tu sais, Alberte, il y a des filles de ton âge qui sont forcées de travailler.

Parfois, elles sont enchaînées à leur poste de travail.

M'EN FOUS!
ENLÈVE-MOI CETTE CHAÎNE ET CE CADENAS TOUT DE SUITE!

Hum...

Ta productivité risque de baisser si je fais ça.

Papa, est-ce que tu m'aimes?

Mais certainement!

...Comme un bon patron aime un bon employé!

Il est temps que je parte avec ma mère...

Mes larmes ont un goût de rouille...

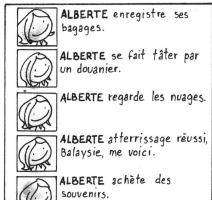

Bon bien...
Bon voyage!
En Gaspésie,
c'est ça?

EN BALAYSIE!

Je te l'ai dit cent cinquante fois, mais tu étais trop occupé à m'enchaîner à des machines à coudre pour m'écouter!

Bon voyage, ma grande.

bi
bi

Bon...

Tu es sûre que tu ne veux pas garder ta chaîne comme symbole de ta libération?

Vous voici arrivées à l'aéroport.

Où un avion décolle toutes les minutes.

Et où un bagage se perd toutes les trente secondes.

Si on mettait bout à bout tous les billets d'avion délivrés ici, on ferait trois fois le tour de la terre.

Si tous les passagers que j'ai amenés à l'aéroport avaient la taille d'un orignal...

...la totalité des panaches accumulés permettrait de remplir trois stades olympiques.

Et maintenant, on va prendre l'avion?

Pas tout de suite.

Il faut faire la file pour s'enregistrer, enregistrer nos bagages, faire la file pour les détecteurs de métal, passer les détecteurs, attendre trois heures, attendre que ce soit notre tour d'embarquer, faire la file, attendre que l'avion décolle...

Beuh... Je croyais que c'était amusant de prendre l'avion!

Ça l'est... si le film l'est.

17

Passeport!

AIR BALA

Ben quoi... Ils m'ont demandé de ne pas sourire. Je n'ai pas souri!

Qu'est-ce que tu fais?

C'est peut-être la dernière fois que je vois le monde de cette hauteur... J'en profite.

J'ai bien hâte de voir la Balaysie.

As-tu lu des guides de voyage?

Euh... Non!

C'est pas de ma faute si ce n'était pas en lecture imposée à l'école.

Au fait, comment ça s'est terminé, cette histoire de burqa?

Bien... J'ai fait comprendre à papa qu'il devait m'accepter comme je suis...

Tant mieux!

Ça a quand même laissé certaines traces...

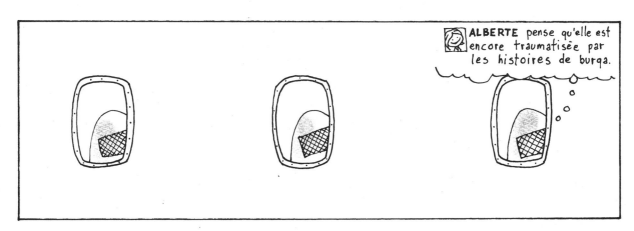

ALBERTE pense qu'elle est encore traumatisée par les histoires de burqa.

Mais... Pourquoi on va en Asie?

Parce que j'ai sauvé quinze filles de l'esclavage sexuel...

QUOI!?!

Oui... Ils en ont même parlé dans les journaux.

Hum... Ça ne me dit rien. Est-ce que l'article était dans la section «Annonces de lingerie»?

Un peu partout dans le monde, des femmes se font enlever pour servir d'esclaves sexuelles aux quatre coins de la planète.

Certaines atterrissent dans des bars de danseuses. J'ignorais que mon club avait «engagé» certaines de ces filles.

Elles sont pourtant faciles à reconnaître: leur regard fait le focus à des milliers de kilomètres.

Avec le portier du bar, nous avons décidé de sortir ces filles de ce milieu.

Nous avons réussi, mais...

...cette initiative n'a pas été appréciée par le directeur des ressources humaines du club.

Donc, c'est parce que tu as sauvé ces filles que nous sommes invitées en Balaysie?

Oui, ce pays est la plaque tournante du trafic des prostituées.

Moi, j'ai déjà sorti un rigatoni coincé dans la narine d'une amie...

...et personne ne m'a invitée en Italie.

Cette «évasion» a attiré l'attention d'un milliardaire philanthrope.

Il m'a demandé de l'aider à démarrer un organisme qui luttera contre le trafic des esclaves sexuelles.

Ce sera la CCSS, «Cessons Ce Sexe Sauvage»...

Saucisson sec sauvage?!

Ce milliardaire a une résidence secondaire en Balaysie. Y aller nous aidera à mieux comprendre la réalité de la prostitution balaysienne.

J'espère quand même que tu ne travailleras pas trop là-dessus...

Il faut aussi que tu m'aides à mieux comprendre la réalité de la plage et du monokini.

J'ai hâte au retour aussi. Je vais enfin pouvoir aller vivre avec toi!

829,32$ de supplément! Mais c'est exorbitant!

Votre bagage est très lourd, monsieur.

Mais ce n'est pas qu'un «bagage»! C'est le symbole de tous les peuples opprimés de la terre...

Vous pourriez au moins m'accorder une réduction de groupe...

Cela me reviendrait moins cher de payer pour un siège supplémentaire.

Mais enfin, Monsieur, les sièges sont réservés aux gens, pas aux objets.

Discrimination!

Bon! Finalement, vous avez un siège avec moi. Il va s'agir de ne pas trop piquer la curiosité.

Se comporter comme le font tous les passagers normaux...

Faut penser à un moyen de vous faire applaudir à l'atterrissage.

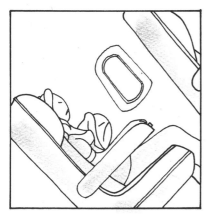

-PING. Vous pouvez maintenant détacher votre ceinture.

...Et cesser d'avoir un air de boeuf!

...Et au moins faire semblant d'avoir envie de vivre avec votre fille!

Alberte n'a pas tort. Je devrais être plus franche quant à notre avenir.

Ça fait quatorze ans que je lui dis qu'un jour, nous vivrons ensemble.

Et ça fait quatorze ans que je me demande si j'en ai vraiment envie.

J'ai longtemps voulu vivre avec ma fille.

Mais pas forcément être sa mère...

C'est ici!

M'en fous!

Eh bien, c'est ici que commence ma nouvelle vie!

Pas mal!

PFFFFF

...Et que TU commences ta crise d'adolescence, on dirait bien.

Est-ce que tu vas faire la gueule pendant tout le voyage?

HO! Tu réponds?

Et arrête de faire comme si on ne te voyait pas!

Ce monsieur a fait fortune comme agent d'artistes...

Peut-être qu'il pourrait t'aider à développer tes talents.

TOC! TOC!

Oh...Vous savez, maintenant, ce ne sont plus tellement les vedettes qui ont du talent...

...ce sont leurs avocats.

Ah! Vous devez être...

Marie Godbout!

J'en déduis que vous préférez utiliser ce nom plutôt que votre étonnant nom de scène...

...Carole Orale!

Ha! Ha! Marie, c'est parfait...

Et vous devez être sa fille!

Genre...

Vous serez donc la valeureuse babysitter qui va nous permettre de travailler...

QUOI?!

Je vois que je vous apprends la raison de votre présence ici...

Je voulais t'en parler dans l'avion, mais tu t'es mise à faire la gueule tout de suite après le décollage.

T'en fais pas, je comprends que ça prend quelqu'un de responsable ici.

On ne peut vraiment pas compter sur «Carole Orale»...

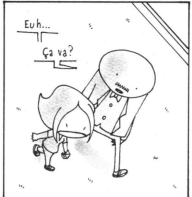

C'est drôle, tu es la personne la plus exposée de la planète...

Moi, j'ai été une des plus cachées.

? Pffffrr... hihi hi

HA! HA! HA! HA!

J'espère que tu vas te ressaisir bientôt. Tu as beaucoup de concurrence, tu sais!

Il y a les chanteuses et les actrices, comme d'habitude.

Mais là, même le président des États-Unis attire plus l'attention que toi!

mmmmh... party...

PARTY!

PARTY! PARTY! RTY! PARTY! PAR ARTY! PARTY! PAR PAR TY! RTY! R Y! PA TY! PAR

La guerre au terrorisme prend une drôle de tournure.

BIDIBIDIBIDI

Chef... Chef... J'en tiens un ! Oui, chef, un terroriste sur le point de commettre un attentat avec:

Deux armes blanches

Du fil pour étrangler

Du combustible

HUILE pour machine à COUDRE

Le tout dissimulé dans un mécanisme super complexe.

Mais enfin, ça n'est pas une bombe! C'est une machine à coudre.

Ça, ça reste encore à prouver.

J'aurais d'ailleurs bien besoin que quelqu'un s'occupe enfin de mon bas de pantalon.

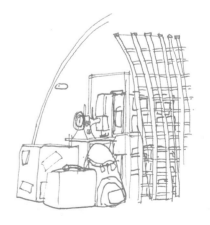

Ça fait quatre jours que je ne suis pas sortie...

Aujourd'hui, on va à la piscine!

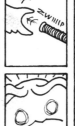

ZWHIP

HIIIIIHAA...

Si elle s'en sort...

Je ferai don aux pauvres...

...de tous les vieux films russes de mon père.

Aïe! Comment je vais expliquer ça à son gérant?

Hé! Hé! La bella London Sheraton è un problem!

clic clic clic

...Et comment je vais expliquer ça au monde entier?

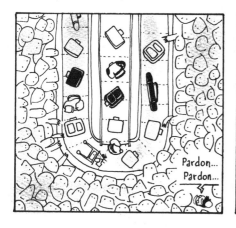

d'après Hergé

ALBERTE + LONDON SHERATON + ESCALIER

8 414 722 859 ARTICLES RECENSÉS

Dans le fond, la célébrité, c'est pousser la bonne personne dans le bon escalier.

Pfff... Encore un blogue sur l'accident de fauteuil de London Sheraton.

Suivi de 8426 commentaires.

Dont 8426 insultes à mon endroit.

SUPERBABE: Je ne lui laisse pas mon ammstheur!!
08:04:38
KITTEN82: Aille ès vrèmant conn la babi sitteur de London.
08:12:23
AGGRESIF78: INCOMPETAN
08:19:36
MANGA4EVEUR: En pluse elle è mauche!!!

04:36:47
KADER: Moi, je me ferais garder par elle n'importe quand.

♡

Alberte... Il faut que tu arrêtes de t'en faire avec cette histoire...

On voit bien que ce n'est pas toi qui as fait tomber ton idole dans un escalier.

Maintenant, tu m'excuseras... Il faut que j'angoisse encore un peu.

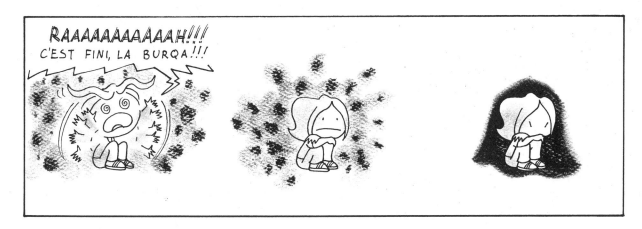

RAAAAAAAAAAAH!!! C'EST FINI, LA BURQA!!!

Je pourrais essayer de penser à autre chose qui me protégerait.

Y'a sûrement autre chose y'a sûrement autre chose y'a sûrement autre chose y'a sûrement...

J'ai tellement souhaité que ce drap-là disparaisse...

Et dès qu'il y a une difficulté, c'est à ça que je pense.

Je pourrais au moins imaginer une coupe plus ajustée...

Alberte, nous allons rester ici cet après-midi.

Tu pourrais sortir pour te changer les idées...

Et eux? Qui va leur changer les idées?

flash clicclic flash clic flash clic flash clic

C'EST SUR CETTE MODESTE PLACE PUBLIQUE QUE FUT PRISE CETTE PHOTO EMBLÉMATIQUE DE LA RÉVOLUTION BALAYSIENNE.

Ils devraient obliger les endroits insalubres à installer des distributrices de savon stérilisant.

Quand Britney Spire se cache des paparazzis...

...j'imagine qu'il y a du champagne et une douzaine de danseurs torse nu.

Et pas mal moins de mille-pattes recouverts de moisissures.

Bon... Il faudrait que je trouve une autre sortie.

Comme cette porte située au fond de la pièce.

Celle qui est recouverte de larves...

...et où je viens de mettre la main.

Eurk!

Ton père a l'air d'avoir beaucoup plus de budget que le mien.

Tu sais, on est un peu soeurs d'enchaînement.

Et j'imagine que ça peut te consoler...

...de savoir qu'au moins un membre de ta famille est libre comme l'air.

J'aimerais te donner un conseil de grande soeur d'enchaînement.

Laisse tomber le grunge.

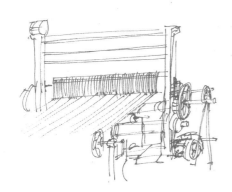

Note de l'auteur: Prière de lire cette case au ralenti et de faire jouer votre power ballade préférée. Merci de votre collaboration.

Et comment se passe ton voyage?

Mal!

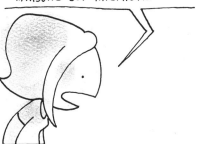

J'ai appris que maman ne voulait pas vivre avec moi, j'ai blessé mon idole et la planète au complet m'insulte sur Internet...

Mais maintenant que tu es là, je me sens libérée.

Wouhou! Mon destin s'accomplit...

Vous semblez soucieuse, Marie.

J'hésite entre travailler sur ce projet très stimulant...

...et me faire croire que je peux devenir une mère idéale le temps d'un vol en avion.

En fait, ce n'est peut-être que d'un peu de temps que vous avez besoin.

Je suis sûr que vous avez en vous tout le potentiel nécessaire pour être une bonne mère.

Et n'allez pas croire que je dise cela de tout le monde...

Je me demande ce que je pourrais encore apporter à Alberte.

À part lui apprendre comment rester digne en tout temps...

...même à poil autour d'un poteau.

Voici mon ex-mari!

Enchanté.

Marie m'a beaucoup parlé de vos fascinantes méthodes pédagogiques.

Vraiment?! Ha! Ha!

Je pensais justement à les faire breveter...

Alberte... Il... Il faut qu'on parle...

Beuh...

Tu parles comme un amoureux qui voudrait me flusher...

J'aimerais profiter de votre discussion pour faire quelques emplettes.

Je suis parti très rapidement, sans aucun vêtement de rechange...

...avec mes caleçons tapissés de reproductions du visage de Jean-Paul Sartre pour seul sous-vêtement.

Venez, il y a un marché public près d'ici. Il y a tout ce dont vous avez besoin.

Merci! Vous pourriez en profiter pour me parler de votre projet. La SCSCSSC, je crois?

La CCSS, «Cessons Ce Sexe Sauvage».

C'est ça: «Ces Sons, Ce Saxo vache»...

Écoute, Alberte, j'ai été danseuse nue pendant quatorze ans.

Et maintenant, j'ai peut-être la chance de faire ce que je veux: aider les autres.

Merci de m'apprendre que je ne fais même pas partie de la catégorie «Autres».

J'ai besoin d'encore un peu de temps, Alberte.

MAIS COMBIEN DE TEMPS?!

QUATORZE AUTRES ANNÉES?

Et rendu là, tu vas me dire que de toute façon, il est temps de décoller de la maison?

C'est ça?

AU MOINS PAPA ME MET EN PRIORITÉ DANS SA VIE !!

LA PREUVE ?! IL EST VENU POUR ME CHERCHER !

Ainsi, vous avez fait tout ce chemin uniquement pour retrouver Alberte ?!

Euh... Oui... Oui oui...

On dirait vraiment que tu me vois comme quelque chose qui va gâcher ta vie...

...ou te la voler...

...alors que je ne veux voler que ton amour...

...et ton fard à paupières...

Ce que je ne comprends pas, c'est pourquoi tu dois sauver les prostituées balaysiennes.

Tu en as déjà sauvé une quinzaine au Québec...

Il doit bien en rester une ou deux dans le pétrin...

Tu sais, Alberte...

O.K.! O.K.! J'AI COMPRIS.

RESTE ici! MOI, JE VAIS RETOURNER VIVRE AVEC PAPA!

Mais attends-toi pas à ce que je t'invite à mon bal des finissants.

Comment êtes-vous passé d'agent d'artistes à philanthrope?

Ça s'est fait ici, en Balaysie.

Pendant une séance de photos, j'ai eu envie de créer du rêve autrement...

Vous semblez intéressé par le sort d'autrui. Voudriez-vous rejoindre la CCSS?

Hum... Tout dépend de l'emploi que j'occuperais...

Si vous avez un poste pour brandir fièrement un drapeau, je suis votre homme.

Alberte! Je tiens à te remercier.

?

Grâce à toi, la cote de popularité de London a littéralement explosé!

Et elle n'a toujours pas eu besoin de développer de talents particuliers.

Pour te remercier, j'aimerais exaucer un de tes souhaits. Tu n'as qu'à demander.

Hum... Il y aurait peut-être un truc...

C'est gentil d'être venu chercher Alberte. Elle va être mieux avec toi...

Et toi, c'est très inspirant, ce que tu vas accomplir ici avec la CCSS.

Je ne suis pas jaloux...
Je ne suis pas jalouse...
Je ne suis pas jaloux...
Je ne suis pas jalouse...
Je ne suis pas jaloux...
Je ne suis pas jalouse...